LETTRE
ADRESSÉE
PAR LES REPRÉSENTANS
DE LA COMMUNE
A LEURS COMMETTANS.

Ce 20 Mai 1790.

Messieurs,

Lorsque vous nous avez nommés vos Représentans, vous nous avez confié vos intérêts. Nous les avons défendus avec loyauté & avec courage.

Le bien général a toujours été notre but. Nous vous avons donné notre démission, dès que nous nous sommes apperçus que la rivalité des pouvoirs nous empêchoit d'y atteindre.

La majorité des Sections nous a maintenus dans nos fonctions. Une partie d'entr'elles nous a blâmés d'avoir voulu les quitter. Le premier Décret sur l'organisation de la Municipalité de Paris, nous a imposé la loi d'en *continuer l'exercice, jusqu'à ce que nous fussions remplacés.*

A

Notre courage s'est ranimé par l'obéiffance; & notre zèle s'est accru avec notre courage.

Le 14 de ce mois, plufieurs Membres de notre Affemblée lui communiquèrent une dénonciation, faite la veille à l'Affemblée Nationale, par *M. de Menou*.

Cette dénonciation étoit de nature à nous alarmer.

Les Repréfentans d'une Ville qui a terraffé le Defpotifme, qui a le plus affuré les fuccès de la Révolution & les fages opérations de nos Légiflateurs, qui a fixé l'admiration & l'eftime de la France, pouvóient-ils entendre avec indifférence l'expofé d'une dénonciation, fuivant laquelle d'avides capitaliftes, par une fuggeftion condamnable, avoient fait faire, au nom de la Ville de Paris, la propofition d'un Cautionnement *immoral en lui-même*, & dont les conditions n'offroient que la combinaifon des calculs honteux des plus vils agioteurs.

D'un *Cautionnement furabondant, illufoire, dangereux* aux yeux mêmes de ceux qui le propofoient;

D'un Cautionnement qui pouvoit être donné par des hommes tout à-la-fois *cautionneurs, vendeurs & acheteurs*;

D'un cautionnement enfin que *plufieurs perfonnes criminelles* avoient accompagné fourdement de la *propofition* infâme, faite au Membre de l'Assemblée Nationale dénonciateur, *de lui procurer un prête-nom pour qu'il pût participer au bénéfice* que le Cautionnement assuroit ?

Non certes ! vos Représentans ne pouvoient voir ce tableau des infamies *fiscales*, sans en être révoltés. Ils ne pouvoient s'empêcher d'arrêter à l'instant l'effet d'une dénonciation que les Journaux reproduisoient & portoient dans toutes les parties de la France, & chez les Nations étrangères. Ils ne pouvoient vous croire nécessairement alarmés sur les démarches de la Municipalité, sans prendre aussi-tôt des moyens pour vous tranquilliser, pour vous assûrer de leur activité dans la recherche des coupables & sans vous promettre le résultat de leurs opérations.

C'est ce qu'ils ont fait par l'Arrêté du 14 de ce mois, qu'ils vous ont adressé, dans lequel ils ont consigné les preuves de leur sensibilité pour tout ce qui touche à l'honneur.

La dénonciation telle qu'elle a été rédigée par ceux qui l'avoient communiquée à l'Assemblée :

Le désir d'écarter, loin de tous ceux qui avoient votre confiance, le moindre soupçon fâcheux :

L'INVITATION faite à M. le Maire & au Bureau de Ville, chargés par le Décret de l'Assemblée Nationale de l'opération de la

4

vente des Biens Nationaux, de venir le lendemain donner les éclaiciffemens néceffaires fur cette affaire importante;

Et la promeffe de la communication du réfultat.

Déjà, Meffieurs, vous connoiffez une partie de ce réfultat par notre Arrêté du 17. Il vous prouve l'efprit de juftice qui anime vos Repréfentans. Provifoires, & fur le point de quitter les places dont vous les avez honorés, ils font jaloux de maintenir, fans altération, les droits de la Commune. Ils veulent vous les remettre dans toute leur intégrité.

La lecture du Procès-Verbal du 15 vous en fournira, dans fes détails, de nouvelles preuves.

Pendant que, fidéles à nos devoirs & aux promeffes que nous vous avions faites, nous faifions imprimer notre Arrêté; M. le Maire vous a écrit & a fait diftribuer, avec profufion, fans nous la faire parvenir, une Lettre dans laquelle il nous *accufe de l'avoir mandé*:

De l'avoir gratuitement inculpé, ainfi que le Bureau de Ville contre la teneur même de la dénonciation de M. de Menou:

De nous être conduits avec légèreté:

D'avoir bleffé, dans fa perfonne, la dignité de la Mairie qui eft une propriété de la Commune:

De lui avoir donné des chagrins :

Dans laquelle *il réclame contre notre Arrêté,* qu'il nous *reproche* encore *d'avoir lancé dans le Public par la voie de l'impreſſion, à l'approche des élections :*

Et enfin, *il vous demande de nous juger.*

Vous ne pourriez le faire ſans nous avoir entendus : &, ne vous duſſions-nous pas éclairer pour vous épargner un faux jugement, nous connoiſſons trop les obligations qu'impoſe l'honneur, pour ne pas vous adreſſer une Réponſe à cette Lettre, où la vérité des faits n'eſt pas même obſervée.

D'adord, Meſſieurs, quoique nous en euſſions le droit, comme vos Repréſentans, nous n'avons point *mandé* M. le Maire. Voici quels ſont les termes de notre Arrêté :

» Que le Bureau de Ville, *ayant ſon Chef* » *à la tête,* ſeroit INVITÉ à ſe rendre à la » Séance de demain, pour donner à l'Aſſem- » blée tous les détails & renſeignemens qui » ſeroient à ſa connoiſſance ».

L'avons - nous plus gratuitement inculpé, ainſi que le Bureau de Ville, contre la teneur de la dénonciation de M. de Menou ?

Non, Meſſieurs, liſez encore, nous vous en prions, notre Arrêté du 14. Les Membres de l'Assemblée n'ont peut-être pas répété les expressions dont s'est servi *M. de Mendu* ; mais ils ont dit que la *proposition du cautionnement avoit été faite par M. le Maire & par le Bureau de Ville : que le profit du cautionnement étoit de 3,500,000 livres : qu'il étoit fait sans émission de fonds, & que le cautionnememt étoit immoral.*

Qu'a dit *M. de Menou ?*

Il a dit *que le cautionnement de 70 millions avoit été proposé PAR LA VILLE DE PARIS ; que les Capitalistes retireroient un bénéfice considérable pour avoir SIMPLEMENT DONNÉ LEUR SIGNATURE ;* & il est bon de remarquer que les 3,500,000 livres ne font que l'intérêt des 70 millions non-fournis.

Les Membres de l'Assemblée qui ont fait part de la dénonciation de *M. de Menou*, ont dit encore que des Membres de la Compagnie des Cautionneurs, Compagnie agréée par le Bureau de Ville, avoient fait la tentative de corrompre le Baron de Menou, en lui offrant un intérêt, pour appuyer cette opération immorale.

Qu'a dit *M. de Menou ?*

Il a dit que *plusieurs personnes, qu'il ne nommeroit pas, étoient venues le prier de ne pas s'opposer au cautionnement, en lui offrant de lui faire trouver un prête-nom, & de le faire participer au bénéfice que le cautionnement procureroit,*

& ces Cautionneurs ont été *cherchés*, *trouvés*
par M. *le Maire*, & il les *a préfentés*, comme
il l'a dit lui-même à l'Affemblée.

Les Membres de l'Affemblée qui ont fait
part de la dénonciation de *M. de Menou*, ont
dit que cet intégre Député de l'Affemblée
Nationale avoit affuré *que*, *fi le projet étoit
étoit adopté*, *il y auroit des Cautionneurs qui
feroient*, tout-à-la-fois, *Adjudicataires Munici-
paux*, *Vendeurs & Acheteurs.*

Qu'a dit M. *de Menou* ?

Il a dit que les Capitaliftes Cautionneurs
pourroient être, tout-à-la-fois, *Cautionneurs*,
Vendeurs & Acheteurs.

Or, qui font les Vendeurs des biens Nationaux ? Les *Municipalités qui les acquèrent* de la
Nation, &, d'après les Décrets de l'Affemblée
Nationale, *les doivent revendre à des particuliers*,
*& compter de clerc à maître avec la Nation du
produit de leur revente.*

D'après ce Décret, que l'on conclue fi la
Municipalité, dans la dénonciation de M. *de
Menou*, n'etoit pas en apparence (1), compromife ?

L'Affemblée des Repréfentans de la Commune s'eft-elle *conduite avec légèreté* ?

Doit-on croire facilement à la légèreté d'une
Affemblée qui, dans les momens les plus dif-
ficiles a toujours été celle à laquelle M. le

______

(1) Voyez page 15.   A 4

Maire lui-meme a eu recours? A une Assemblée dans le sein de laquelle il a déposé ses plus vives inquiétudes, & qui, dans toutes les crises & les convulsions de la Révolution, postérieures à la retraite des Electeurs, a pris tous les Arrêtés qui ont opéré le salut public.

Et sur quoi porteroient les reproches de légèreté faits à l'Assemblée ? Sur ce qu'*elle s'est avancée sur des faits qu'elle ignoroit*, dit M. le Maire.

La dénonciation de M. *de Menou* étoit dans tous les Journaux; elle étoit reproduite dans l'Assemblée par quelques-uns de ses Membres, dont la véracité lui étoit connue. Elle a envoyé une députation à M. *de Menou*, non pas pour savoir ce qu'il avoit dit, mais pour lui *demander les renseignemens les plus précis sur sa dénonciation ; pour se procurer, par toutes les voies permises, les détails nécessaires ;* pour lui demander quels étoient les hommes audacieux qui avoient osé l'outrager par des propositions honteuses ?

Il n'y a donc pas eu de légèreté dans la conduite de l'Assemblée.

Les Représentans ont ils blessé, dans la personne du Maire, la dignité de la Mairie qui est la propriété de la Commune?

Non, sans doute, Messieurs, vous ne nous

accuferez point d'avoir voulu blesser un Citoyen qui a notre estime, un Citoyen que
nous avons concouru à revêtir de sa dignité,
dont il ne sauroit nous soupçonner d'être jaloux.

Si en invitant le Maire de la Ville de Paris
à venir donner, à une Assemblée dont il est
Président né, des éclaircissemens que l'honneur
nous forçoit de demander, nous avions pu
blesser la dignité de la Mairie, où seroit la
liberté ? Que serions-nous ? La liberté n'exis-
teroit pas : & nous serions les adorateurs ser-
viles de l'Idole que nous nous ferions créée.

Quoi ? Messieurs, le Conseil général de la
Commune de Paris, le Conseil qui vous re-
présente n'auroit pas le droit de dire à son
Président : « Venez au milieu de ceux qui vous
» ont choisi pour leur Chef ; venez les con-
» soler sur les inculpations dont on voudroit
» les souiller, & que vous pouvez les aider à
» dissiper ». Ah ! Messieurs, nous sommes
provisoirement ce que bientôt sera le Conseil-
Général de la Commune, représentatif de vos
Sections.

Si le Maire de Paris, un jour, croyoit
avoir à se plaindre de nos successeurs, comme
M. Bailly croit avoir à se plaindre de nous :
s'il croyoit, comme lui, devoir ne prendre au-
cune part à leurs Délibérations ; ne regarde-
riez-vous pas sa conduite comme un attentat

aux droits de la Commune, & dans votre Maire ne verriez vous pas alors un defpote ufurpateur qui vous dépouilleroit?

Dans cette circonftance, fi la dignité de la Mairie eft bleffée, ce ne font donc point vos Repréfentans qui la bleffent. Si la dignité de la Mairie, qui eft une propriété de la Commune, eft bleffée, c'eft par celui qui, fon *Préfident né*, d'après des préventions qu'il a conçues, *refufe de prendre part aux délibérations de fes Repréfentans.*

Nous ne nous arrêterons pas à relever ce que M. le Maire a dit fur les chagrins qu'il prétend que nous lui avons caufés; fur l'inculpation qu'il nous fait de l'avoir mandé plufieurs fois, fur notre injuftice à mettre fa fignature au bas d'arrêtés dont il n'avoit pas figné les minutes.

Nous avons quelquefois exercé cette furveillance que vous aviez confiée au Confeil général, par le Plan provifoire de Municipalité, admis par la majorité des Diftricts : &, fi cette furveillance peut caufer des chagrins, vous en euffiez caufé comme nous, fi vous l'euffiez exercée par vous-mêmes.

Dans un Arrêté que nous vous avons envoyé, nous vous avons découvert les motifs déterminans qui nous avoient fait appofer,

par honneur, la fignature de M. Bailly au bas
de tous nos Procès-Verbaux. Nous ne vous
les retracerons pas, & nous vous rappellerons
feulement que, depuis fa réclamation, nous
avons renoncé à cet ufage qu'avoient introduit
& notre eftime & nos égards pour fa perfonne.

Nous ne croyons pas de même, Meffieurs,
devoir paffer fous filence un autre reproche
que nous fait M. le Maire. « C'eft, dit-il, à
» l'approche des Elections que cet Arrêté eft
» lancé dans le Public, par la voie de l'im-
» preffion ». A t'il pu croire que nous nous
foyons entendus avec M. de Menou pour que
fa Dénonciation eût lieu à cette époque, &
nous fournît ce moyen perfide de lui nuire ?
A t'il pu croire que nous euffions intention
de lui nuire & d'écarter loin de lui les fuf-
frages de nos Concitoyens ? S'il l'a cru, il nous
a fait injure ; il a fait injure à tous les Ci-
toyens actifs de la Capitale ; s'il ne l'a pas crû,
gratuitement il nous a inculpés.

Voilà, Meffieurs, nos obfervations fur une
Lettre dont nous n'avons pas, un feul inftant,
redouté l'effet ; mais que cependant nous n'a-
vons pas du laiffer fans réponfe.

Nous vous devions les vérités que nous
vous préfentons : pefez-les, pefez vos droits :

fixez votre opinion, & nous ne doutons pas que vous ne nous conferviez votre eftime, feule récompenfe que nous défirions avoir de nos travaux.

Nous avons l'honneur d'être,

Vos très-humbles & très-obéiffans ferviteurs,

Les Repréfentans de la Commune.

Extrait du Procès-Verbal de l'Affemblée générale des Repréfentans de la Commune de Paris, du Lundi 17 Mai 1790.

L'Affemblée-générale des Repréfentans de la Commune, a arrêté que M. le Maire, ayant offert de nouveaux éclairciffements, lorqu'il s'eft retiré, feroit invité à venir Jeudi prochain prendre fa place à l'Affemblée, pour donner de plus amples éclairciffements, & déclarer fingulièrement s'il y a quelques-uns des 300 Repréfentans de la Commune parmi les Cautionneurs, enfin de vouloir bien donner un état exact de tous les noms des Capitaliftes & Cautions; avec les conditions du Cautionnement propofé.

Signé, l'Abbé FAUCHET, *Préfident.*

FAUREAU DE LA TOUR,
THURIOT DE LA ROSIÈRE,
MENESSIER,   *Secrétaires.*
QUATREMÉRE,
PELLETIER.

LETTRE de M. le Maire à M. le Préſident de l'Aſſemblée de la Commune.

J'ai reçu, Monſieur, la lettre que vous m'avez fait l'honneur de m'écrire, & l'Arrêté de MM. les Repréſentans. J'avois cru que les renſeignemens que j'avois donnés moi-même étoient ſuffiſans; aujourd'hui l'Aſſemblée en demande de nouveaux; je m'empreſſe de lui répondre.

MM. les Repréſentans déſirent ſavoir s'il n'y a pas quelques-uns des trois-cents Membres de la Commune, parmi les cautionneurs; je déclare que, des capitaliſtes qui devoient ſe ſoumettre à fournir l'emprunt ou le cautionnement de 70 millions, je n'en connois qu'un ſeul qui s'eſt fait fort pour les autres & il n'eſt pas un des trois-cents Repréſentans.

Quant à tous les détails de l'opération, MM. les Commiſſaires, nommés pour cet objet, s'occupent avec moi d'en rendre compte aux Diſtricts qui les ont commis.

J'ai l'honneur d'être avec un ſincère attachement,

Monſieur,

Votre très-humble & très-obéiſſant ſerviteur.

20 Mai 1790.

Signé, BAILLY.

Extrait du Procès verbal, de l'Assemblée générale des Représentans de la Commune de Paris.

Du 20 Mai 1790.

Lecture faite de la lettre de M. le Maire, en date de ce jour.

L'Assemblée considérant que cette lettre ne remplit point le vœu de l'Arrêté du 17;

Que l'intention exprimée par M. le Maire, de donner aux Districts les détails de l'opération relative à l'acquisition de biens Nationaux, ne peut le dispenser d'instruire les Représentans de la Commune, des conditions du Cautionnement proposé;

Que d'après l'aveu consigné dans sa Lettre aux soixante Sections, en date du seize, il a concouru à chercher & à trouver les soumissionnaires.

Que, d'après son aveu fait en pleine Assemblée, Séance du 15, il les a présentés.

Qu'il a annoncé l'existence des soumissions à l'Assemblée Nationale.

Que tout force parconséquent de croire qu'il connoit les soumissionnaires;

Qu'en admettant la supposition qu'il eût pu se persuader, qu'un seul cautionneur se portant fort pour les autres auprès de lui, il n'étoit pas obligé de s'informer des noms des autres, ni de leur solidité, & qu'il n'étoit pas plus obligé de se faire remettre les soumis-

15

fions, & de s'affûrer même de la fincérité des
fignatures, il auroit du au moins donner à
l'Affemblée le nom de ce foumiffionnnaire qu'il
dit être le feul qu'il ait connu & s'être porté fort
pour fes co-foumiffionnaires, & fe procurer
les noms des autres Cautionneurs, pour en
fournir la lifte fans retard;

A arrêté que M. le Maire feroit invité de
nouveau, d'inftruire fans délai, l'Affemblée des
conditions du Cautionnement, & de lui fournir
la lifte des Cautionneurs, & que fa lettre en
date de ce jour, l'Arrêté du 17, & le pré-
fent feroient imprimés & envoyés aux foixante
Sections.

Signé, l'Abbé FAUCHET, *Préfident*.

FAUREAU DE LA TOUR,
THURIOT DE LA ROSIÈRE,
MENESSIER, *Sécrétaires*.
QUATREMÈRE,
PELLETIER,

---

(1) On a pu voir, par l'Arrêté du 14, & par celui du 17,
que l'Affemblée n'a pas voulu inculper le Bureau de Ville.
Depuis ces Arrêtés *M. de Menou* a fait la déclaration
particulière qu'il n'avoit eu intention de défigner aucun
de fes Membres.

De l'Imprimerie de LOTTIN *l'aîné* & LOTTIN *de S.-
Germain*, Imprimeurs-Libraires Ordinaires de la Ville,
rue S.-André-des-Arcs (N° 27) 1790.